# Ek LEES in Afrikaans oor PLANTE

ISBN: 979-8-9923945-3-5

Book Cover by Nicolene Luff
Illustrations by Nicolene Luff

ISBN: 979-8-9923945-3-5

"Laat ons taal voortleef deur jou!"

# DELE VAN 'N PLANT

blom

blaar

stam

vrug

wortels

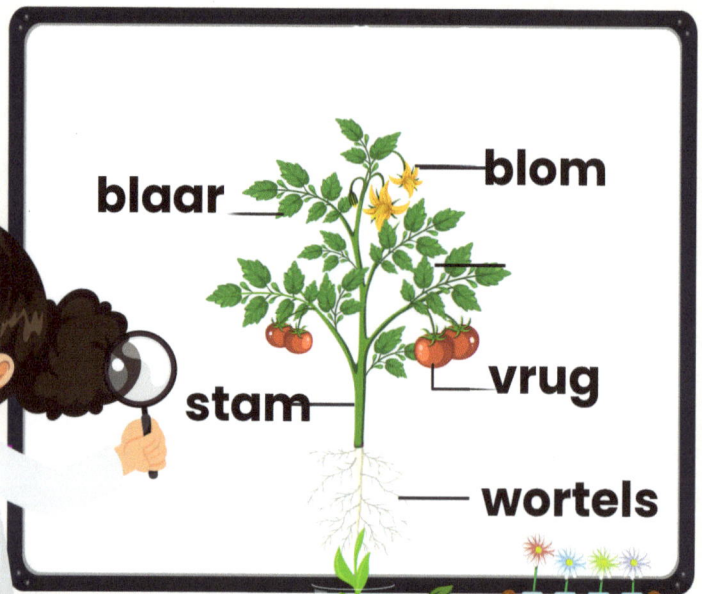

# Plante het sonlig nodig.

# Die plant gebruik sonlig vir fotosintese.

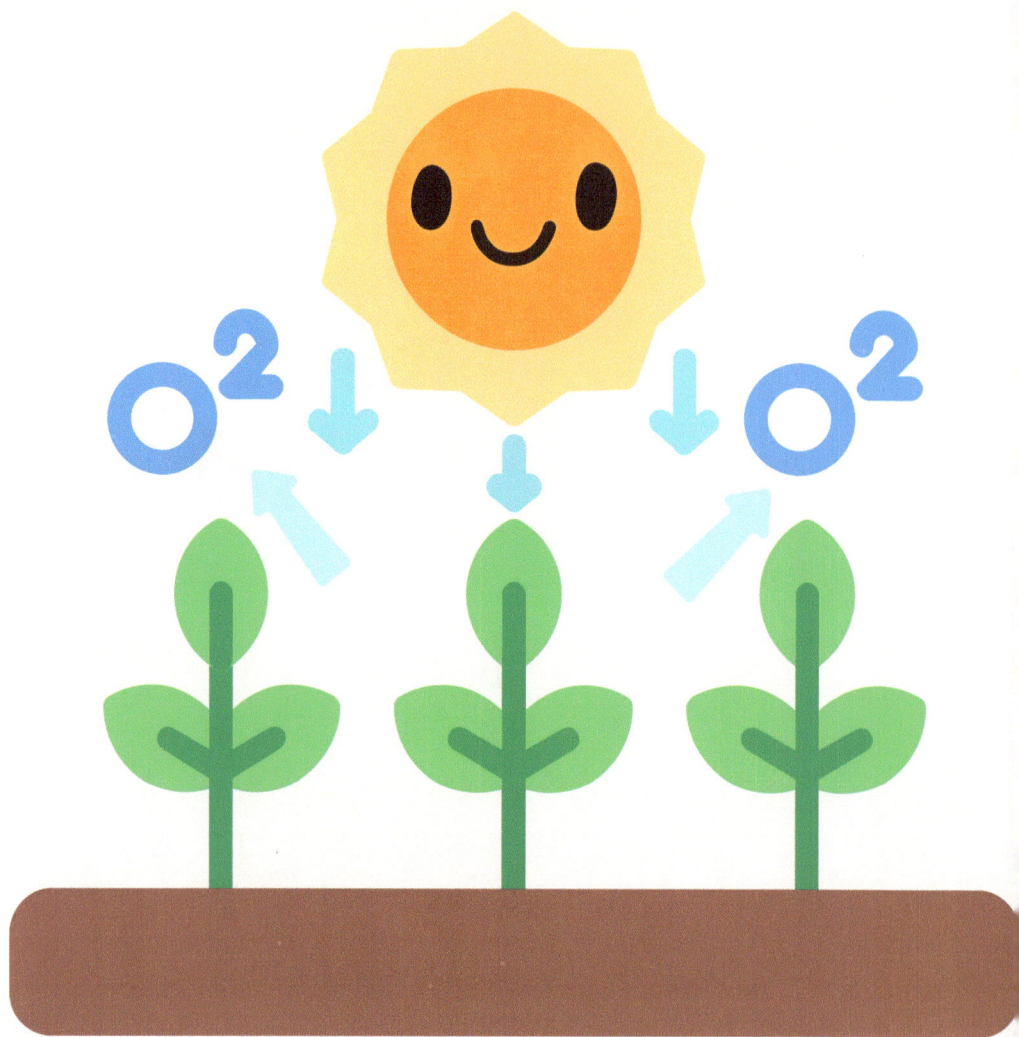

# So maak plante suurstof.

# Suurstof is die vars lug wat ons in asem.

# Plante het water nodig.

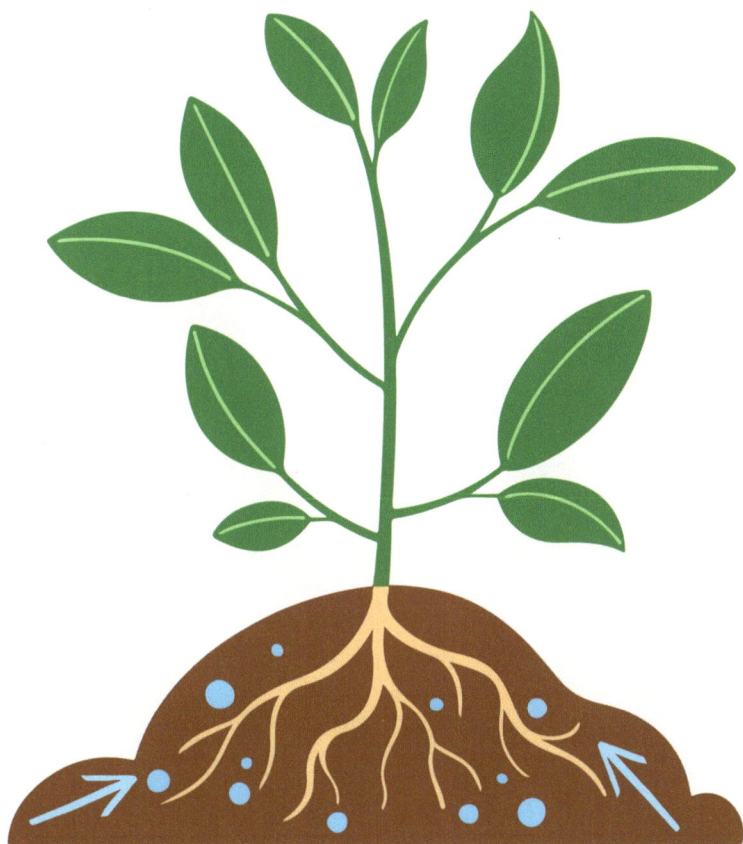

# Plante suig water op met hul wortels.

# Sommige plante

# het

# bywortelstelsels.

# Sommige plante het penwortelstelsels.

# Sommige plante se wortels is eetbaar.

# Sommige plante groei uit bolle.

# Meeste plante groei uit sade.

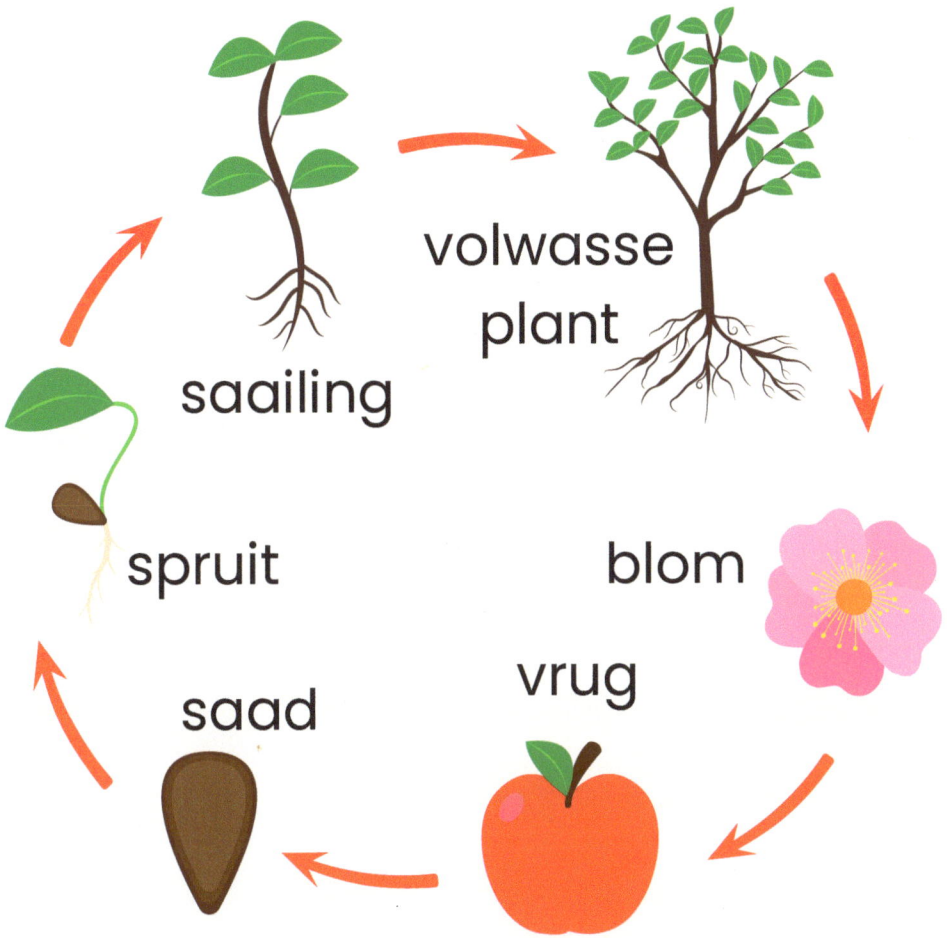

saailing

volwasse plant

spruit

blom

saad

vrug

# Dit is die lewensiklus van 'n plant.

# Saai die saad

# in die grond.

# Die saad

# ontkiem!

# Dit is hoe

# 'n plant

# groei.

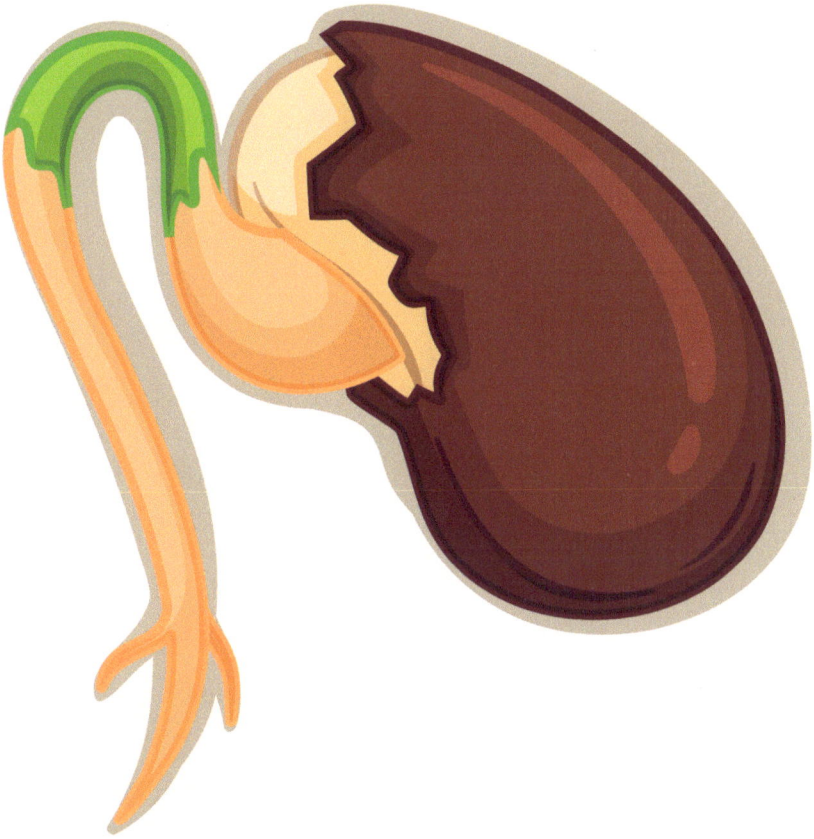

# Eers groei die wortels uit die saad.

# Daarna, groei die blare en die stam.

# Dan is daar 'n saailing.

**Daarna, is daar
'n volwasse
plant.**

# Dan maak

# die plant

# blomme.

# Bye bestuif die blomme.

# Skoenlappers kan ook blomme bestuif.

# Sommige voëls drink nektar uit die blom.

# Uit die blomme groei die vrugte.

# Vrugte groei aan bome, bosse en rankplante.

# Die vrugte

# dra die

# sade.

# Sommige

# sade

# is binne in

# die vrug.

# Sommige sade is buite op die vrug.

# Sommige vrugte het een groot saad.

# Sommige vrugte het baie sade.

# Ons eet sommige sade.

# Ons spoeg sommige sade uit.

Sommige plante hou van baie water.

# Sommige plante groei binne in die water.

# Dit reën baie in 'n reënwoud.

# Baie verkillende plante groei in 'n reënwoud.

Sommige

plante

hou van

min water.

# Dit reën min in 'n woestyn.

# Daar groei min plante in 'n woestyn.

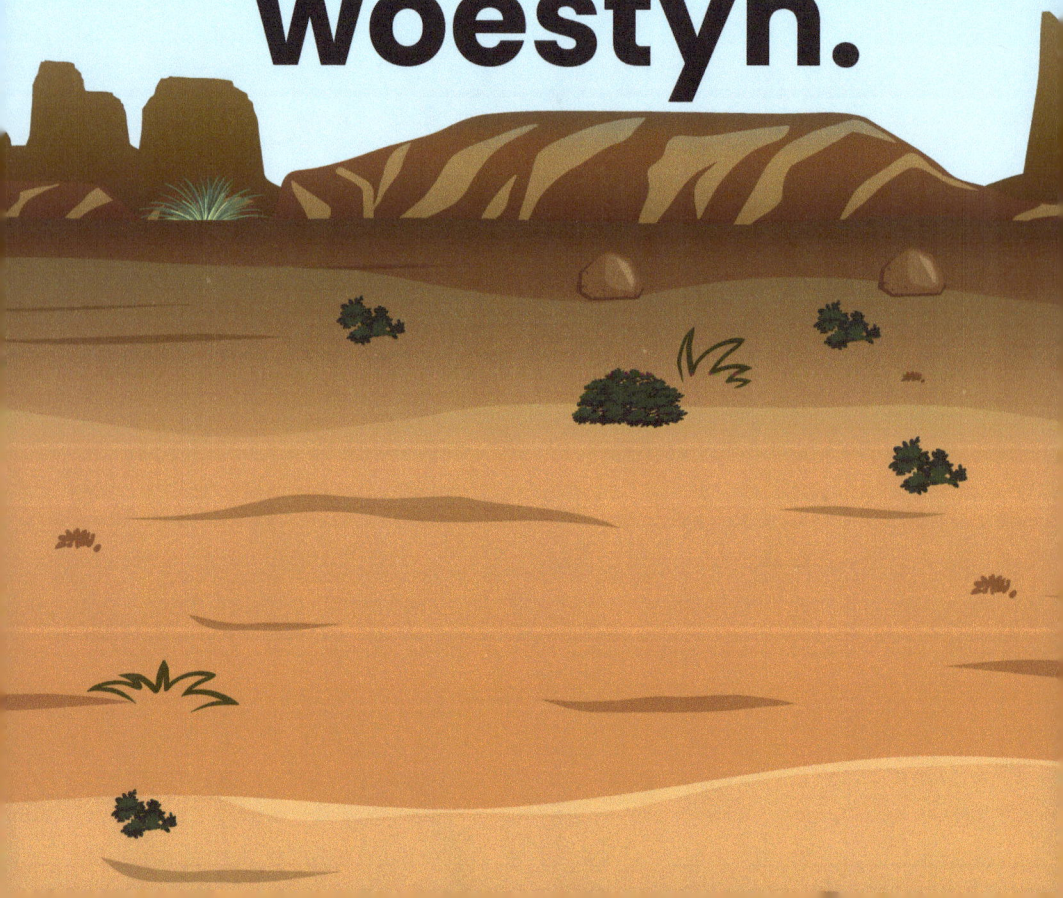

# Vetplante groei in 'n woestyn.

# Vetplante stoor water in hul blare.

# Sommige plante dra nie vrugte nie.

# Sampioene is nie plante nie.

This book is part of a series of books
written in Afrikaans.

Ek LEES in Afrikaans oor PLANTE
Ek LEES in Afrikaans oor DIERE
Ek LEES in Afrikaans oor VRUGTE
Ek LEES in Afrikaans oor GROENTE
Ek LEES in Afrikaans oor BEROEPE
& more!

Be on the lookout for other Afrikaans reading
& activity books!

Ek TEL in Afrikaans
Ek SKRYF in Afrikaans
Ek BID in Afrikaans
& more!

Find them on

Amazon
&
southafricantreasures.com

Follow us on Instagram
@southafrican_treasures